100枚レターブック
春夏秋冬 12ヵ月

100 Writing & Crafting Papers Through the Year
Spring, Summer, Fall, Winter

はじめに

本書は1枚ずつ切り離して使うことができる
100枚の紙を収録したレターブックです。
3種類の用紙を使用しています。
20名の作家が季節を彩るかわいいモチーフや情景を描きました。
便箋としてはもちろん、切ったり貼ったりして
自分だけのステーショナリーやオーナメントづくり、
ラッピングなどにご活用ください。

〈使用上の注意〉
・ページをしっかり開き、紙をゆっくり引っ張るときれいにはがせます。
・筆記用具によってはインクがにじむことがあります。

作家紹介
Creators Profile

雨宮三起子（amelabo）　Mikiko Amemiya
@amelabo　http://amelabo.blush.jp

歯科医師、アーティスト。神戸市内で歯科医院を開業し、歯科医師の傍らアーティストとして活動中。学生時代から続けている趣味の写真と手書きの文字やイラストで、カレンダーやプロダクトを制作している。著書『amenote』（主婦の友社）

ISHI miki　イシミキ
@toisto_kuu

多摩美術大学グラフィックデザイン学科卒業。2019年よりイラスト制作を始める。花や実のイラストを描き、オリジナルのポスターやカレンダーなどを制作し販売を行う。

大森 木綿子　Yuko Omori
@momenmemo　omoriyuko.com

愛知県出身。自然の風景や心に浮かんだことを題材に、オリジナルプロダクトの制作や、文具、パッケージ、ファブリック等のイラストを中心に手がける。東京で活動後、拠点を京都に移し、香司としてお香の調合制作も行う。

奥原しんこ　Shinko Okuhara
@shinko_o　www.shinko.cc

宮城県出身。横浜美術短期大学、セツ・モードセミナー卒業。広告やパッケージ、書籍、CDジャケット等のアートワークを手がける。人物や植物、動物、暮らしや自然を感じる風景を好み、アクリル画やドローイング、コラージュ、版画作品を制作している。

奥村ゆい　Yui Okumura
@oyu_918　www.okumurayui.com

東京都出身。多摩美術大学グラフィックデザイン学科卒業。雑貨メーカー、デザイン事務所にて商品デザインからパッケージ、ロゴ制作やブランディングを担当。2018年に独立後、企業向けの仕事を中心に活動。案件に合った表現技法を提案している。

小倉ショウコ　Shoko Ogura
https://shokoogura.com

女子美術大学芸術学部デザイン・工芸学科卒業。花や動物をモチーフとした、イラストやテキスタイルデザインを手がける。自身のブランド「shocots」では、オリジナル雑貨の制作、販売も行っている。

神尾茉利　Mari Kamio
@kamio_mari　kamiomari.com

多摩美術大学でテキスタイルデザインを学び、刺繍・絵・言葉を用いた作品や書籍を制作。商業施設等のアートディレクション、キャラクターデザインも行う。著書に『刺繍小説』（扶桑社）、『さがそ! ちくちくぬいぬい』（学研）等がある。

亀井英里　Eri Kamei
@eri.kamei_illustration　erikamei.com

武蔵野美術大学デザイン情報学科卒。動植物や空想上の生き物、日々の暮らしを水彩絵の具やデジタル等、さまざまな手法で描く。広告、書籍、雑貨、洋服のコラボレーション等、幅広い分野で活動中。兵庫県出身、東京都在住。

キエピノコ　Kie Pinoko
@kiepinoko　www.kiepinoko.net

東京都出身。エスモードジャポン卒業。アパレルブランドのグラフィックデザイナーとして勤務後、フリーランスに。イラスト、絵本、パターンデザイン等、活動は多岐にわたる。うさぎと花に囲まれた暮らしの中から生まれる物語を描いている。

小池高弘　Takahiro Koike
@takahiro_tabletalk　www.tabletalk.store

愛知県出身。出版社勤務、料理人を経て、絵本やデザインを学びイラストレーターに。書籍『心地よさのありか』（小社刊）、『家がおしえてくれること』（KADOKAWA）の挿絵や、雑誌、WEB等で温かみのある柔らかな線画を発表し続けている。

小池ふみ　Fumi Koike
@fumi_koike

福岡県出身。東京都在住。武蔵野美術大学造形学部空間演出デザイン学科卒業。MJイラストレーションズ卒業。書籍、広告、雑誌、WEB、グッズ等のイラストレーションを多く手がける。

こいずみめい　Mei Koizumi
@mei_koizumi　www.meikoizumi.com

東京都出身。武蔵野美術大学基礎デザイン学科卒業。フリーのイラストレーターとして、書籍の装画や挿絵、漫画、テキスタイルデザイン等の仕事を中心に活動している。

こやまこいこ　Coico Koyama

@koyamacoico　https://koyamacoico.com/

漫画家。京都府出身。代表作『もぐの夜』(小社刊)、『次女ちゃん』シリーズ (扶桑社)、『スキップするように生きていきたい』(KADOKAWA)、『ふしぎなメリーゴーラウンド』(徳間書店)、『脱・呪縛』(理論社) 等の書籍の装画や挿絵なども手がける。

すげさわ かよ　Kayo Sugesawa

@sugesawa.kayo　https://i.fileweb.jp/sugesawakayo

日本大学芸術学部卒業後、パリに留学。旅を愛し、旅先で出会ったものや風景をイメージして制作するイラストレーター。色鉛筆や貼り絵を使った手描きならではのタッチが特徴。著書に『ブルガリアブック (電子書籍)』(ダイヤモンド社) 等がある。

テンセン図案　Tensenzuan

@tensenzuan　https://ari544422.wixsite.com/ten-sen-zuan

暮らしの中にある春夏秋冬の景色を、シンプルな点や線を模様に落とし込むオリジナル紙雑貨を展開。素材の質感や触感を大切に、「感謝」の気持ちを包み込み、渡す人も受け取る人も笑顔になるアイテムづくりを心がけている。

坂内 拓　Taku Bannai

@takubannai　www.bannaitaku.jp

東京都出身。多摩美術大学グラフィックデザイン学科卒業。コラージュ作品をメインに、広告、書籍や雑誌、音楽分野のアートワークに携わる。日常風景を叙情的に捉える視点や、作品に余白をつくるミニマリストスタイルは、想像の余地を残し、物語を紡いでいく。

松尾ミユキ　Miyuki Matsuo

@matsuomiyukiillustra　www.matsuomiyuki.com

愛知県在住。雑誌や書籍等のイラストレーションや「ねこねこ食パン」「大地のおやつ」等のパッケージデザインを担当。そのほか、アパレルブランドとのコラボレーションや、食器、ファブリックといった生活雑貨も多く手がけている。

mizutama　ミズタマ

@mizutamahanco　www.mizutamahanco.com

イラストレーター、山形県米沢市在住。2005年より消しゴムはんこを作り始め、イラストレーターとしても活動をはじめ絵本も出版。文具メーカーとのコラボや実用書等の著書多数。

安原ちひろ　Chihiro Yasuhara

@chihir0y　http://chihiroyasuhara.com

イラストレーター・ペインター・テキスタイルデザイナー。2012年よりフリーランスとして活動し、同時に、自作の絵をテキスタイルにして発表。近年は独自の作家活動に加え、企業へのイラスト提供、商品のコラボレーションも行う。

YUYA　ユウヤ

@yuya_chokkin_kirie　http://chokkin-kirie.com

武蔵野美術大学で建築を学ぶ。切り絵の個展を各地で開催。シンプルかつ温かな手の痕跡が残るモダンな作風で、生活で楽しむ身近なアートを志す。2016年よりアトリエ・フォークを運営、作家活動や各媒体のイラストやアートワーク等を手がける。

本書に収録した
100種類の絵柄をまとめました。

イラストのテーマ
使用する際のおすすめの季節や月
イラストレーター名

001
ありがとう
Spring / 3月

Illustrator：奥村ゆい

002
気球
Spring / 3月

Illustrator : テンセン図案

005
ミモザ
Spring / 3月

Illustrator : ISHI miki

008
Congratulations!
Spring / 3月

Illustrator : YUYA

003
チューリップ
Spring / 3月

Illustrator : mizutama

006
Thank You
Spring / 3月

Illustrator : 神尾茉利

009
黄色タンポポ
Spring / 3月

Illustrator : テンセン図案

004
モクレン
Spring / 3月

Illustrator : 松尾ミユキ

007
ひなまつり
Spring / 3月

Illustrator : 小池ふみ

010
ツバメ
Spring / 4月

Illustrator : テンセン図案

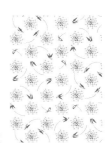

011
葉桜
Spring / 4月

Illustrator: 亀井英里

014
花まつり（灌仏会）
Spring / 4月

Illustrator: すげさわ かよ

017
花見
Spring / 4月

Illustrator: こやまこいこ

012
桜
Spring / 4月

Illustrator: 奥原しんこ

015
入学シーズンの
風景
Spring / 4月

Illustrator: 坂内 拓

018
イースター
Spring / 4月

Illustrator: キエピノコ

013
夜桜
Spring / 4月

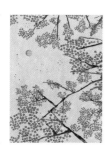

Illustrator: 大森 木綿子

016
菜の花
Spring / 4月

Illustrator: 安原ちひろ

019
アネモネ
Spring / 4月

Illustrator: 雨宮三起子

020
春の野の花
Spring / 5月

Illustrator : 小倉ショウコ

023
スズラン
Spring / 5月

Illustrator : こいずみめい

026
端午の節句
Spring / 5月

Illustrator : すげさわ かよ

021
バラ
Spring / 5月

Illustrator : mizutama

024
母の日
Spring / 5月

Illustrator : YUYA

027
水たまり
Summer / 6月

Illustrator : 亀井英里

022
いちご
Spring / 5月

Illustrator : 雨宮三起子

025
新緑の季節
Spring / 5月

Illustrator : 小池高弘

028
グリーンアナベル
のリース
Summer / 6月

Illustrator : ISHI miki

029
紫陽花のある
風景
Summer / 6月

Illustrator: 小池ふみ

032
紫陽花
Summer / 6月

Illustrator: 安原ちひろ

035
さるすべり
Summer / 7月

Illustrator: 小倉ショウコ

030
山椒
Summer / 6月

Illustrator: 大森 木綿子

033
てるてる坊主
Summer / 6月

Illustrator: 坂内 拓

036
夏の積乱雲
Summer / 7月

Illustrator: 奥原しんこ

031
梅雨の風景
Summer / 6月

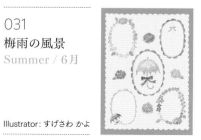

Illustrator: すげさわ かよ

034
傘
Summer / 6月

Illustrator: YUYA

037
海のモチーフ
Summer / 7月

Illustrator: 雨宮三起子

038
冷たい飲み物
Summer / 7月

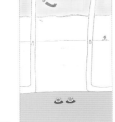

Illustrator: 小池高弘

041
アサガオ
Summer / 7月

Illustrator: 小倉ショウコ

044
浴衣
Summer / 8月

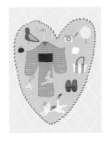

Illustrator: 神尾茉利

039
蓮
Summer / 7月

Illustrator: 松尾ミユキ

042
星柄
Summer / 7月

Illustrator: 安原ちひろ

045
かき氷
Summer / 8月

Illustrator: 坂内 拓

040
七夕
Summer / 7月

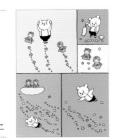

Illustrator: こやまこいこ

043
スイカ
Summer / 8月

Illustrator: こいずみめい

046
ヒマワリ
Summer / 8月

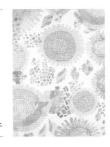

Illustrator: 大森 木綿子

047
夏のモチーフ
Summer / 8月

Illustrator：mizutama

050
夏休み
Summer / 8月

Illustrator：小池ふみ

053
秋の七草
Fall / 9月

Illustrator：奥村ゆい

048
花火
Summer / 8月

Illustrator：奥村ゆい

051
夏野菜
Summer / 8月

Illustrator：奥原しんこ

054
キンモクセイ
Fall / 9月

Illustrator：安原ちひろ

049
海水浴
Summer / 8月

Illustrator：こやまこいこ

052
秋の和菓子
Fall / 9月

Illustrator：すげさわ かよ

055
月とうさぎ
Fall / 9月

Illustrator：キエピノコ

056
9月の植物の
リース
Fall / 9月

Illustrator：ISHI miki

057
お月見
Fall / 9月

Illustrator：小池ふみ

058
十六夜
Fall / 9月

Illustrator：小池高弘

059
中秋の名月
Fall / 9月

Illustrator：YUYA

060
菊
Fall / 10月

Illustrator：小倉ショウコ

061
コスモス
Fall / 10月

Illustrator：こいずみめい

062
木の実
Fall / 10月

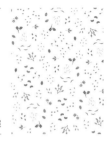

Illustrator：テンセン図案

063
紅葉（もみじ）
Fall / 10月

Illustrator：雨宮三起子

064
ハロウィン
Fall / 10月

Illustrator：こやまこいこ

065
さんま
Fall / 10月

Illustrator: 小池高弘

068
トンボ
Fall / 11月

Illustrator: 松尾ミユキ

071
どんぐり
Fall / 11月

Illustrator: mizutama

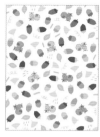

066
秋の味覚
Fall / 10月

Illustrator: 神尾茉利

069
キノコとうさぎ
Fall / 11月

Illustrator: キエピノコ

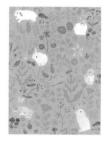

072
冬支度
Fall / 11月

Illustrator: 亀井英里

067
ススキ
Fall / 11月

Illustrator: 奥原しんこ

070
いろんな紅葉
Fall / 11月

Illustrator: 亀井英里

073
いちょう並木
Fall / 11月

Illustrator: 坂内 拓

074
秋明菊
Fall / 11月

Illustrator: 大森 木綿子

077
針葉樹
Winter / 12月

Illustrator: テンセン図案

080
手袋と帽子
Winter / 12月

Illustrator: キエピノコ

075
落ち葉
Fall / 11月

Illustrator: ISHI miki

078
クリスマス
Winter / 12月

Illustrator: 小池高弘

081
冬の木立
Winter / 12月

Illustrator: 雨宮三起子

076
落ち葉の風景
Fall / 11月

Illustrator: こいずみめい

079
クリスマスの
オーナメント
Winter / 12月

Illustrator: ISHI miki

082
冬のアイテム
Winter / 12月

Illustrator: 松尾ミユキ

083
ゆず
Winter / 12月

Illustrator: 奥村ゆい

084
さざんか
Winter / 12月

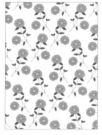

Illustrator: 小倉ショウコ

085
クリスマス
プレゼント
Winter / 12月

Illustrator: 神尾茉利

086
雪だるま
Winter / 1月

Illustrator: mizutama

087
雪の結晶
Winter / 1月

Illustrator: 亀井英里

088
ハッピーニューイヤー
Winter / 1月

Illustrator: こやまこいこ

089
富士山
Winter / 1月

Illustrator: 坂内 拓

090
お正月の吉祥柄
Winter / 1月

Illustrator: 神尾茉利

091
和の吉祥柄
Winter / 1月

Illustrator: 安原ちひろ

092
招き猫
Winter / 1月

Illustrator: 松尾ミユキ

095
バレンタインデー
Winter / 2月

Illustrator: キエピノコ

098
節分
Winter / 2月

Illustrator: すげさわ かよ

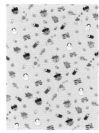

093
お正月
Winter / 1月

Illustrator: 小池ふみ

096
ハート
Winter / 2月

Illustrator: こいずみめい

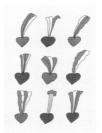

099
ふきのとう
Winter / 2月

Illustrator: 奥村ゆい

094
梅の花
Winter / 2月

Illustrator: 奥原しんこ

097
冬の星
Winter / 2月

Illustrator: 大森 木綿子

100
うぐいす
Winter / 2月

Illustrator: YUYA

100枚レターブック 春夏秋冬 12ヵ月

100 Writing & Crafting Papers Through the Year
Spring, Summer, Fall, Winter

2023年2月23日 初版第1刷発行

編著 パイ インターナショナル

イラストレーター *Illustrators*

雨宮三起子(amelabo) Mikiko Amemiya 　小池ふみ Fumi Koike
ISHI miki イシミキ 　こいずみめい Mei Koizumi
大森 木綿子 Yuko Omori 　こやまこいこ Coico Koyama
奥原しんこ Shinko Okuhara 　すげさわ かよ Kayo Sugesawa
奥村ゆい Yui Okumura 　テンセン図案 Tensenzuan
小倉ショウコ Shoko Ogura 　坂内 拓 Taku Bannai
神尾茉利 Mari Kamio 　松尾ミユキ Miyuki Matsuo
亀井英里 Eri Kamei 　mizutama ミズタマ
キエピノコ Kie Pinoko 　安原ちひろ Chihiro Yasuhara
小池高弘 Takahiro Koike 　YUYA ユウヤ

デザイナー *Designer* 関 木綿子
写真 *Photographer* 松村大輔
編集 *Editor* 及川さえ子

発行人 三芳寛要

発行元 株式会社パイ インターナショナル
〒170-0005 東京都豊島区南大塚 2-32-4
TEL：03-3944-3981 FAX：03-5395-4830
sales@pie.co.jp

PIE International
2-32-4 Minami-Otsuka, Toshima-ku, Tokyo 170-0005 JAPAN
sales@pie.co.jp

印刷・製本 図書印刷株式会社

〈使用上の注意〉
製本には十分配慮しておりますが、紙を剥がしやすくする仕様上、
繰り返し開閉することで、本体から紙が剥がれる場合がございます。
使用する筆記具によっては、インクがにじむ場合がございます。

THANK YOU

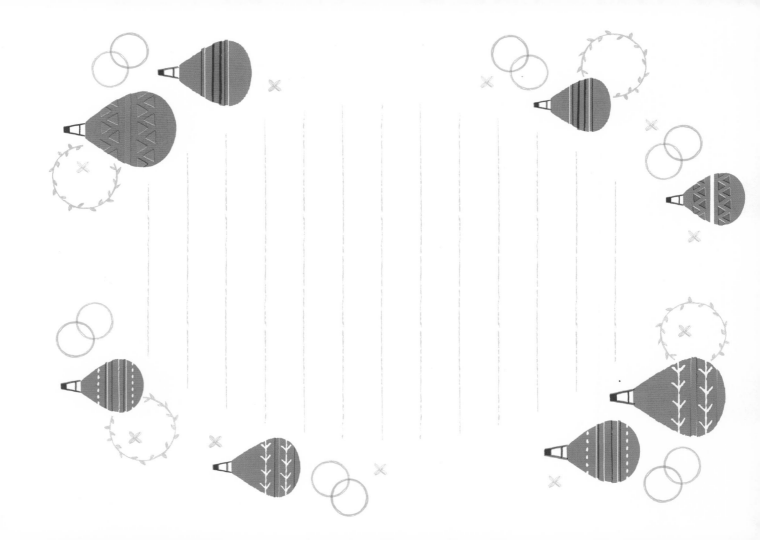

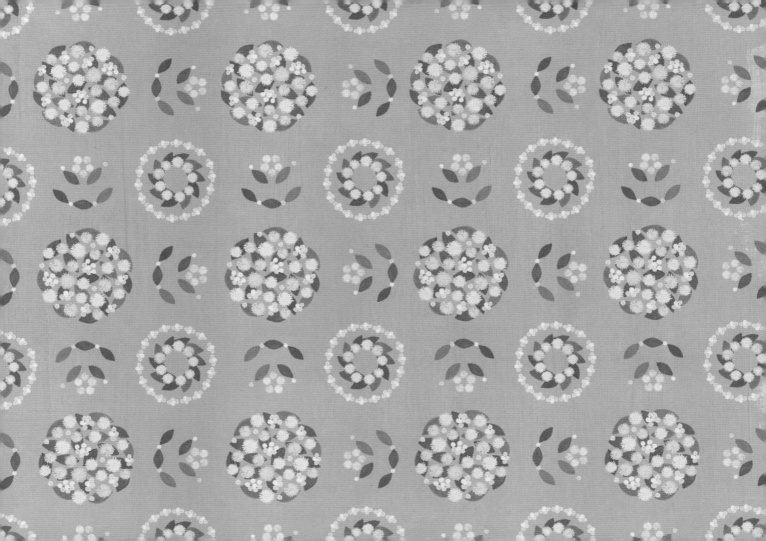

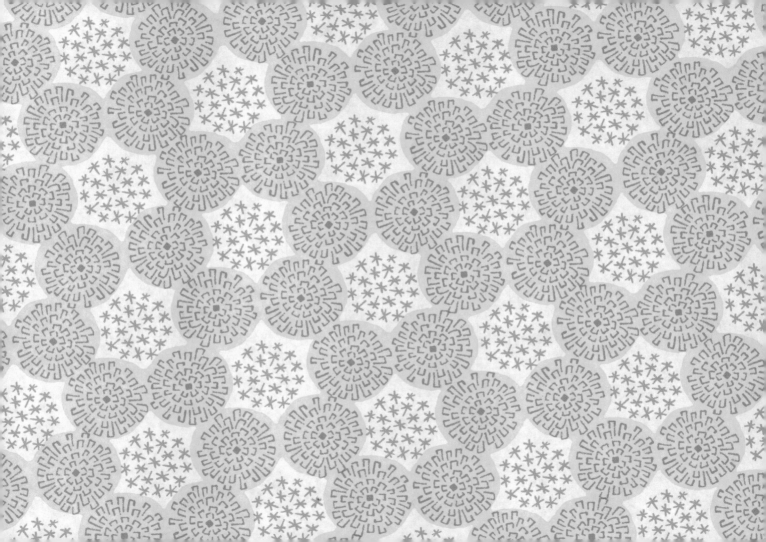

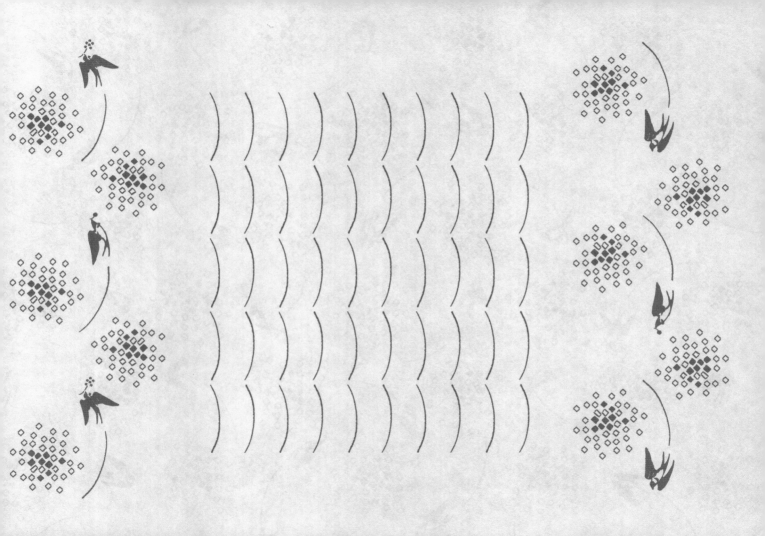

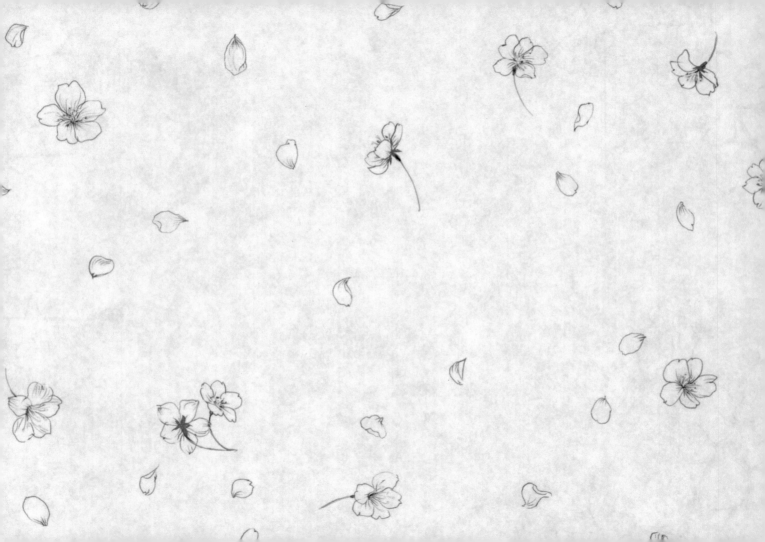

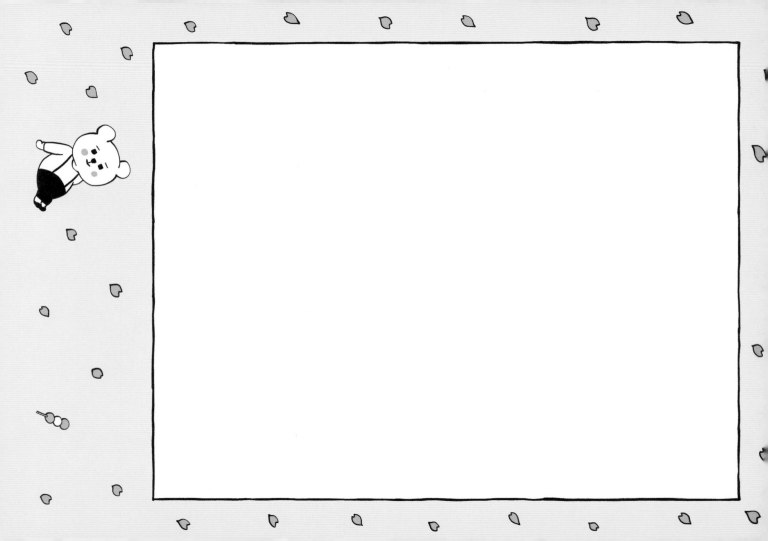

To

From

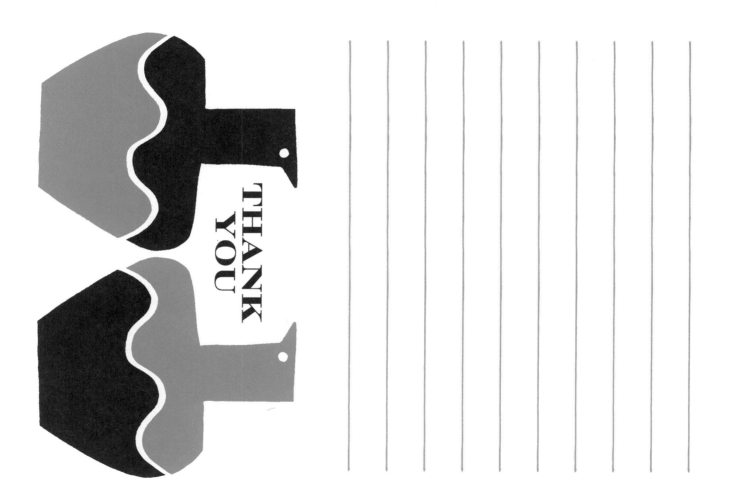

THANK YOU

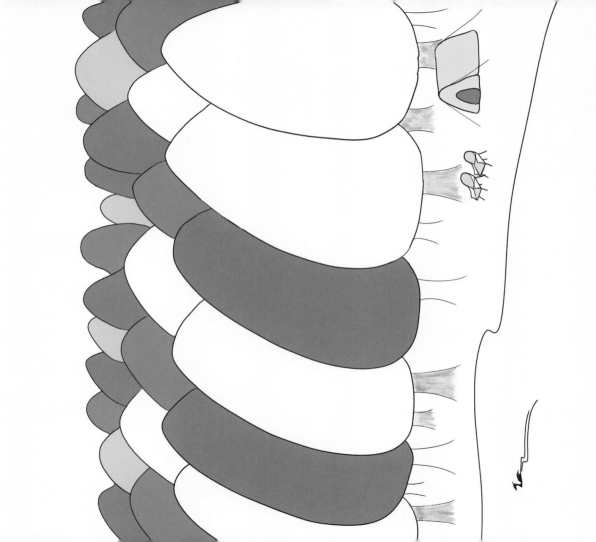

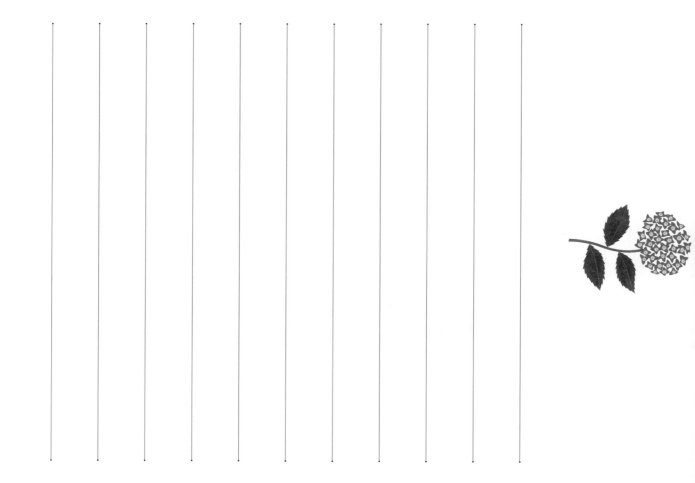

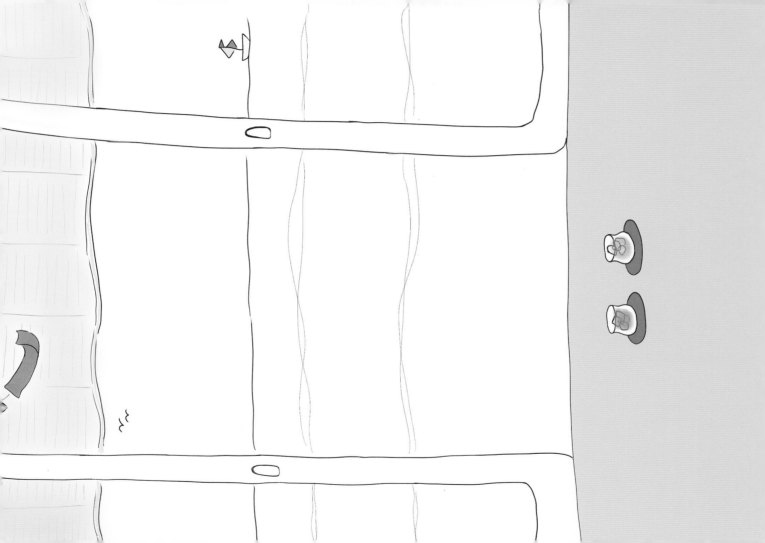

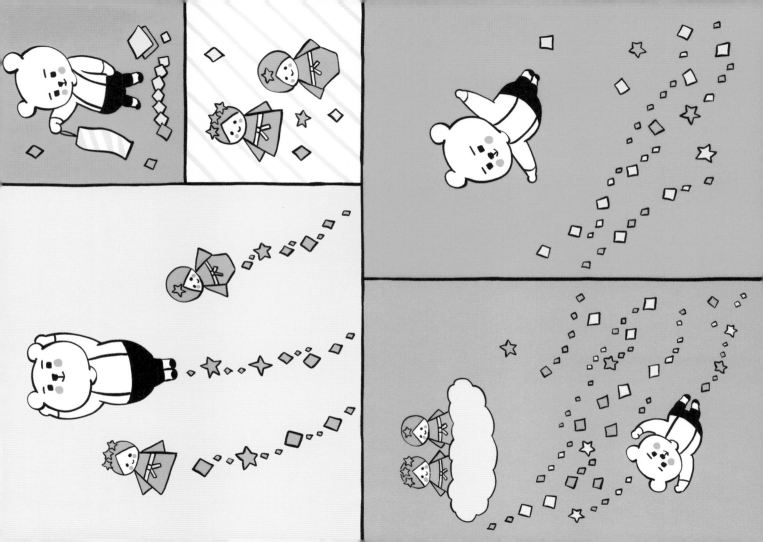

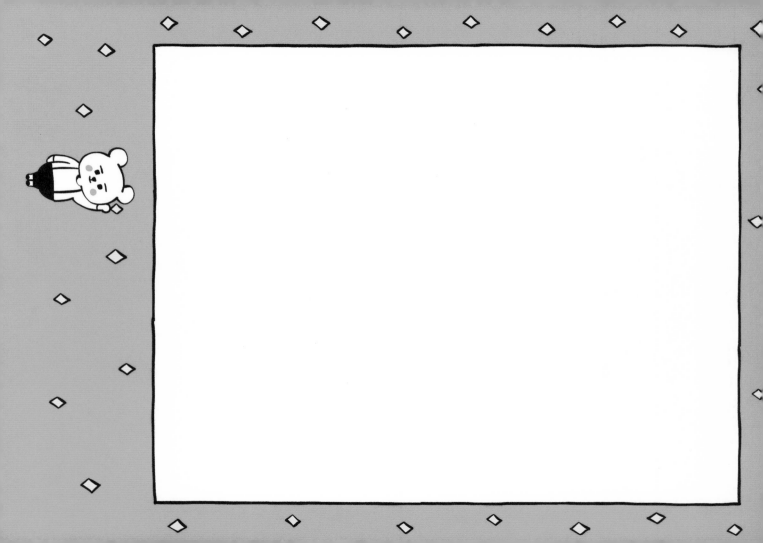

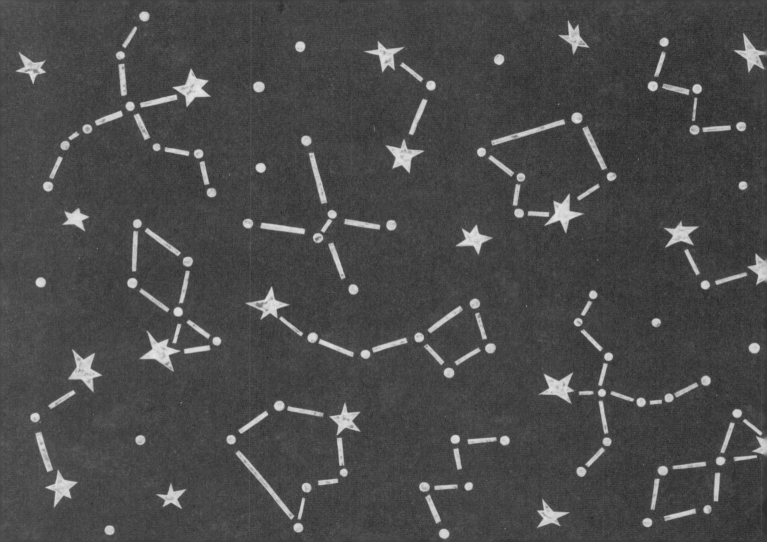

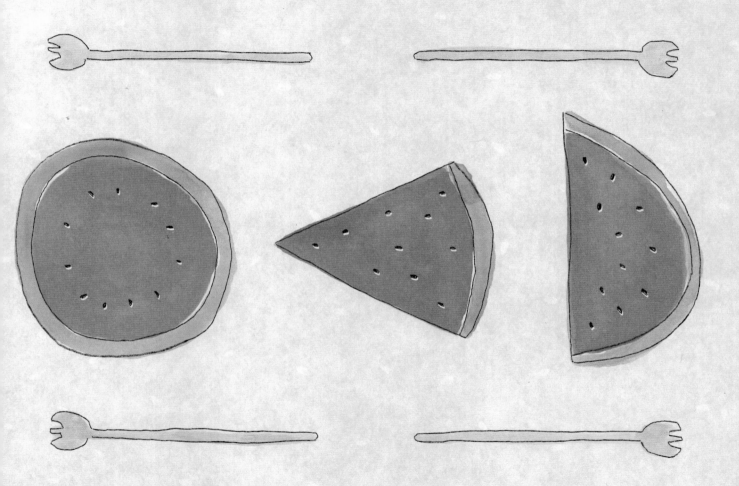

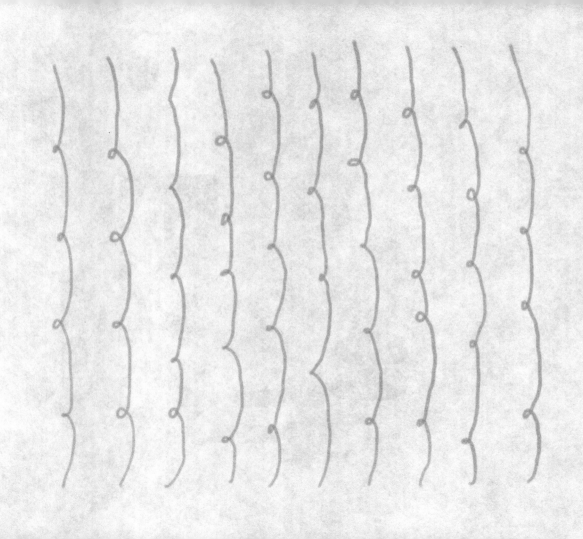

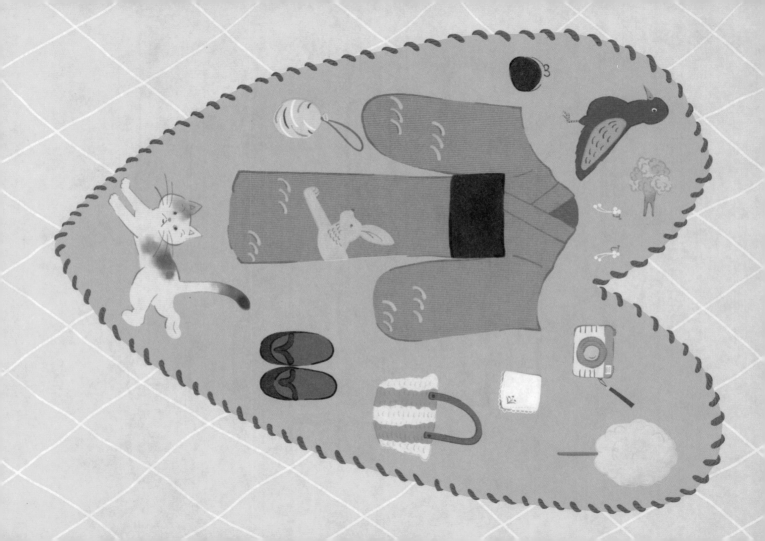

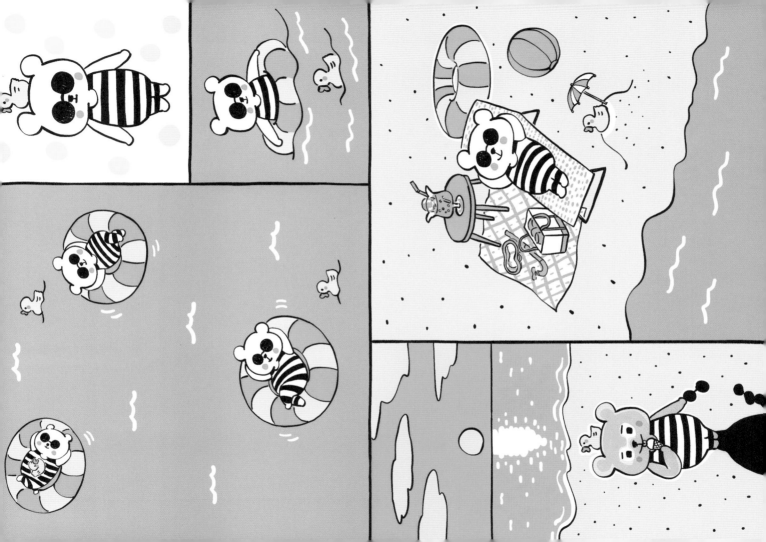

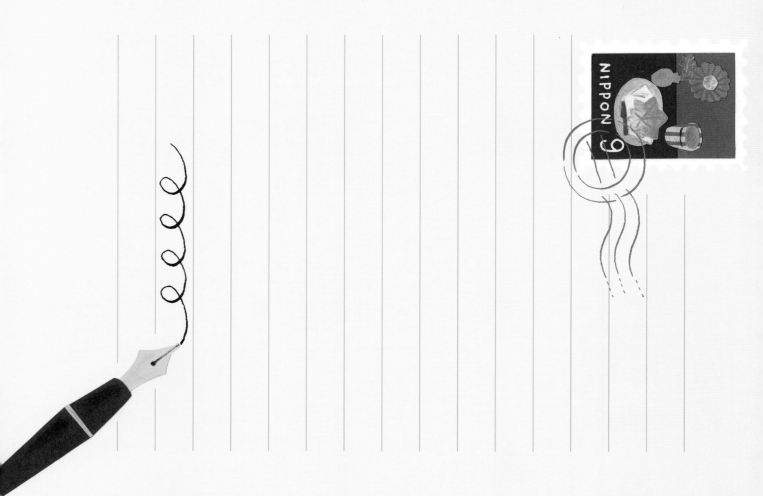

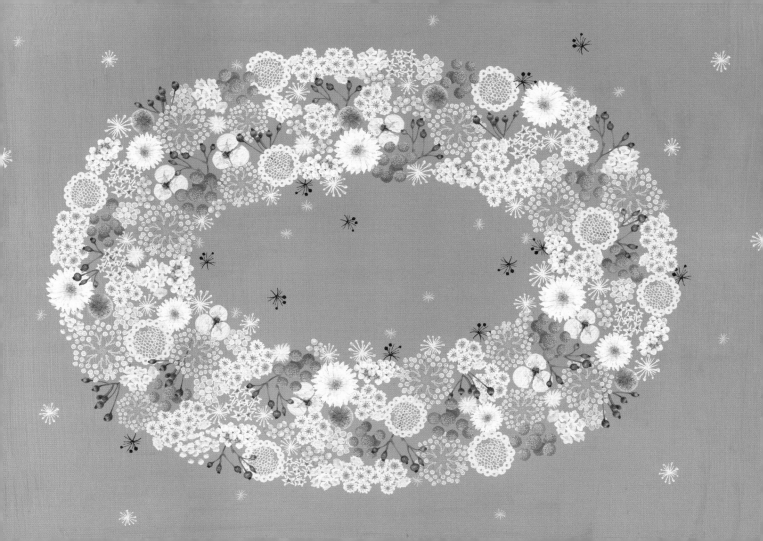

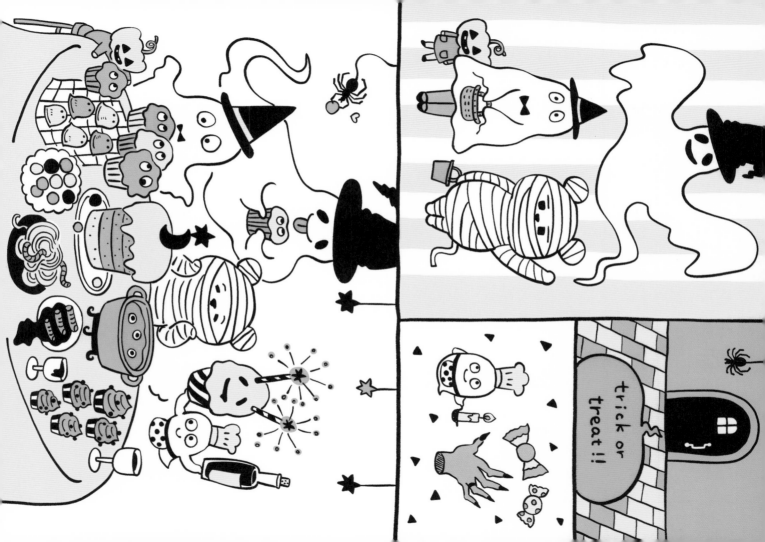

trick or treat!!

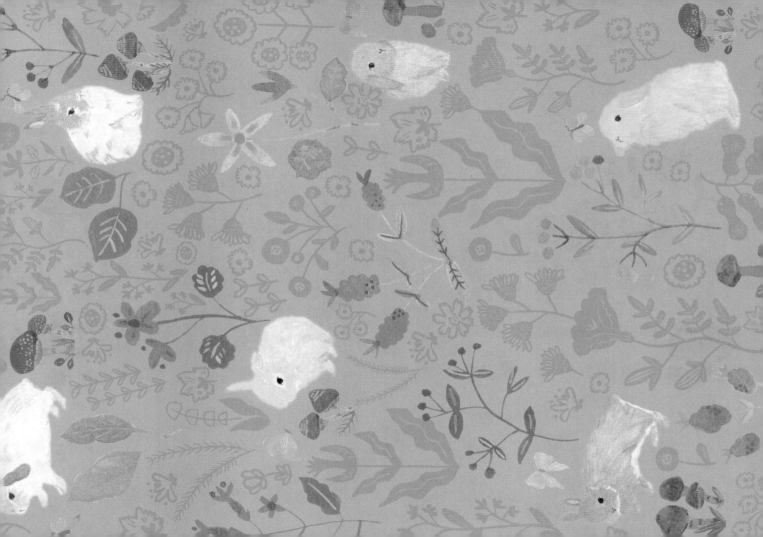

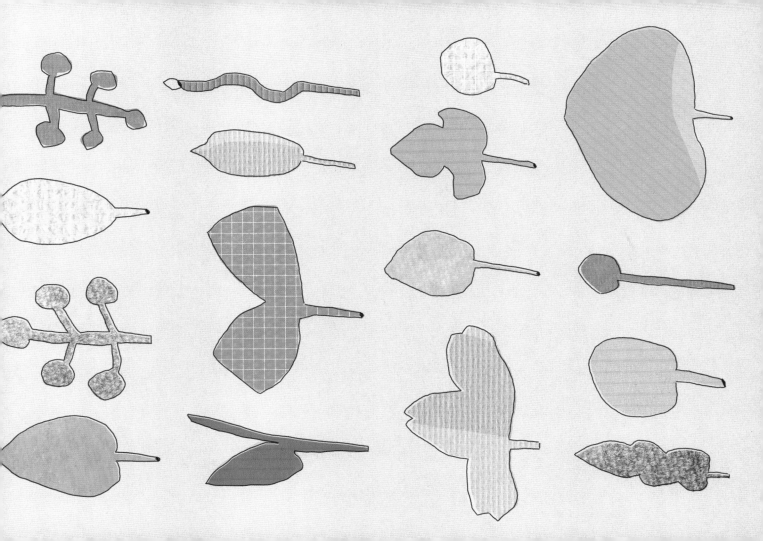

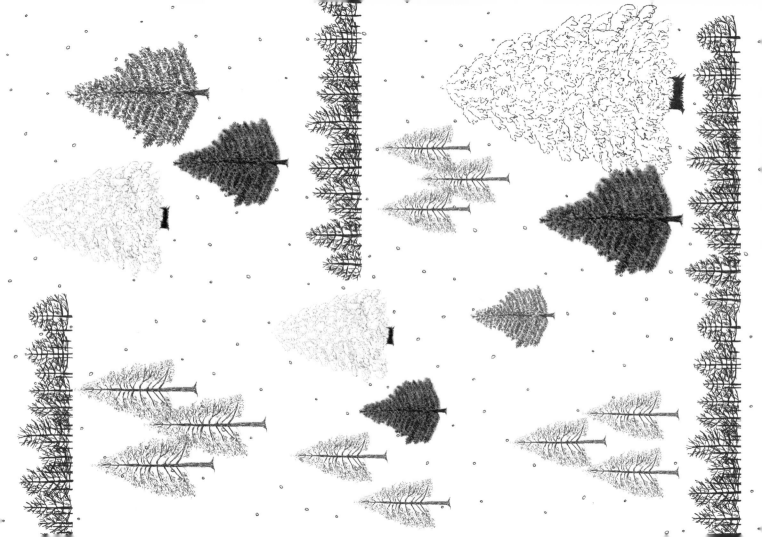

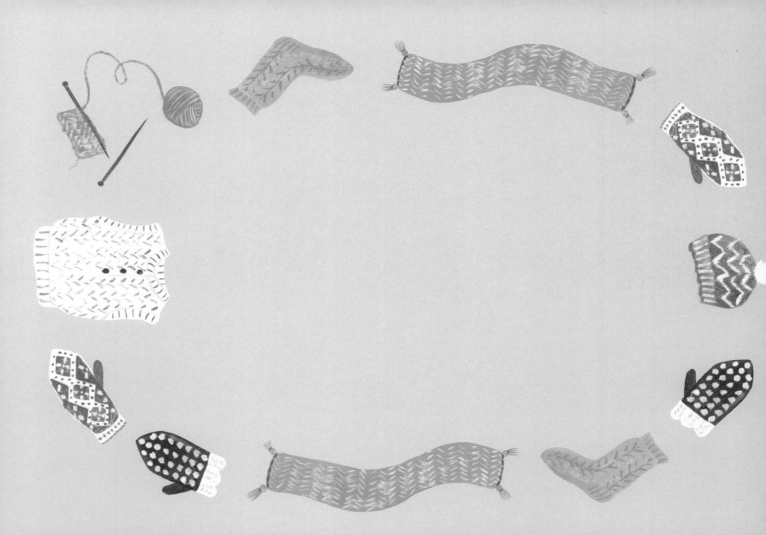

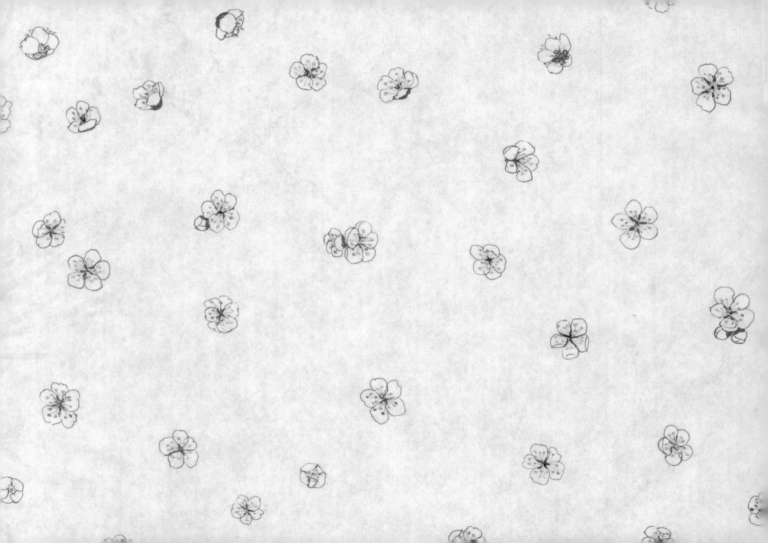

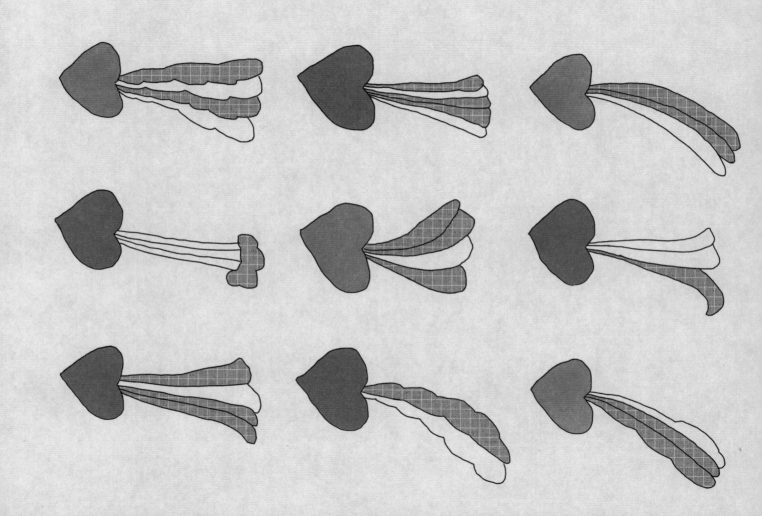

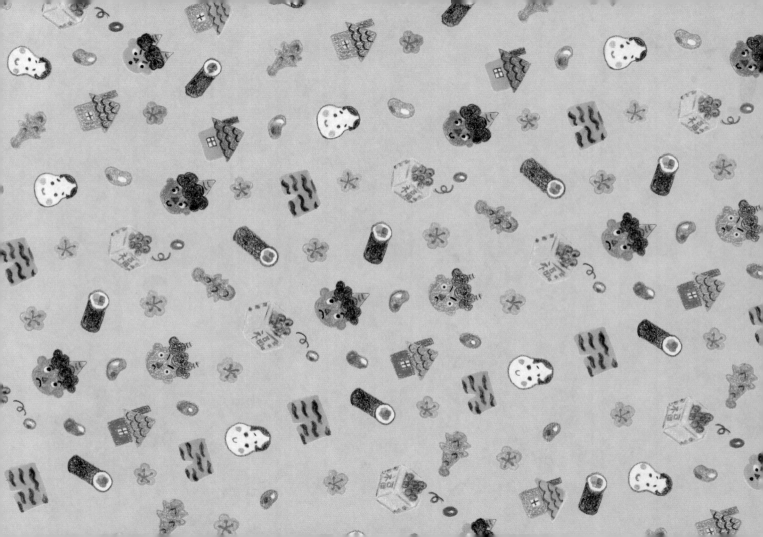

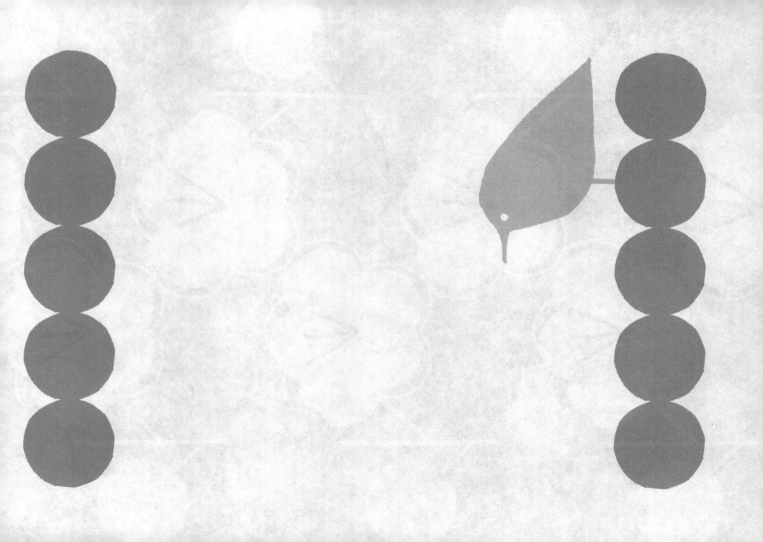